COLLÉGE DE FRANCE.

DISCOURS

PRONONCÉ

PAR M. RAPETTI, SUPPLÉANT,

A L'OUVERTURE DU

COURS DE LÉGISLATIONS COMPARÉES,

LE 20 DÉCEMBRE 1843.

Messieurs,

Le cours que je suis appelé à faire devant vous comprend, vous le savez, une partie du Droit canonique. La hiérarchie de l'Église, sa discipline, l'administration de son culte et de ses dogmes n'ont droit qu'à notre respect. Ce que nous avons soumis à notre examen, ce sont les institutions proprement civiles et politiques, que l'Église a posées, dans ces temps surtout où Elle commençait les sociétés modernes. Et l'intérêt que nous avons à cette étude, je n'ai pas besoin de vous le dire, est le plus digne de l'attention. Nous cherchions d'abord la principale origine de notre civilisation. Mais nous avons été ravis, au milieu de notre curieuse enquête, par un spectacle d'une étrange beauté. Sous cette couche des temps où nous ne comptions trouver que notre histoire, la cause de notre existence, la vertu de notre formation, un monde d'harmonie, de sagesse et d'éclat s'est révélé à nous; et nous n'avons plus eu des sens que pour lui. Comment, en effet, ne pas admirer, ne pas considérer pour elle-même cette spéculation de l'Amour infini? L'Église projetant la vraie Cité chrétienne, le Règne de Dieu faisant effort pour advenir sur la terre!

Donc, nous avons étudié les institutions civiles et politiques du Christianisme dans sa propre législation; et, l'intérêt qui nous a animés à cette étude, après l'intention légitime de découvrir la raison de notre vie nationale, ç'a été l'avantage, édifiant à tous égards, de connaître, spéculation pour spéculation, celle qui a été formulée par la justice et l'habileté, l'une et l'autre exemplaires, de l'Église catholique.

Ceux d'entre vous que ma parole n'a point découragés et qui se trouvent encore ici attirés par l'importance du sujet, ceux-là, Messieurs, savent la méthode que j'ai suivie dans mes diverses explications.

Après avoir interrogé les conséquences elles-mêmes du dogme chrétien, car les institutions, ces vertus des peuples, sont, comme la morale des individus, des effets de ce qu'ils ont admis dans leur croyance; après avoir interrogé les conséquences elles-mêmes des enseignements supérieurs du Christianisme, nous avons demandé à des témoignages plus positifs une contre-épreuve et une confirmation de la légitimité de nos inductions toutes rationnelles. L'institution qui nous avait paru résulter des dogmes fondamentaux du Christianisme, était-elle bien conforme à ce que l'Église elle-même avait tiré de la conscience de ses principes? Cela étant, nous devions trouver dans les manifestations diverses de la pensée ecclésiastique des documents textuels, et, comme je vous l'ai dit, des témoignages positifs à l'appui de nos propres inductions. En effet, après l'essence toute théorique d'une institution, ce que nous avons tour à tour examiné, ce sont les prescriptions du Droit canonique, les enseignements des Docteurs accrédités, les actes et les admonitions de l'Église, enfin les tentatives et les essais faits, si non par l'Église, du moins directement sous son influence, à l'endroit de ce qui la favorisait ou de ce qui la contrariait dans l'entreprise constante de son dessein profond.

Déduction purement dogmatique et rationnelle, démonstration de la légitimité de notre déduction par le Droit canonique, les écrits des Docteurs, et par la conduite elle-même de l'Église : telle a été la méthode à l'aide de laquelle nous avons toujours déterminé la réalité des institutions civiles et politiques, dont nous avons composé l'ensemble de nos études pendant le cours de l'année dernière.

Un mot, Messieurs, sur le caractère de cette exposition.

C'est une grande et audacieuse spéculatrice que l'Église. On conçoit des plans bien hardis et bien éloignés de ce qui se voit, alors qu'on dispose les choses humaines pour l'éternité, du haut de l'absolu. Certes, dans le domaine des faits du temps, l'Église a su apporter des tempéraments et une facilité de transaction qui lui ont été souvent reprochés sous des accusations diverses. Mais en dehors des nécessités quotidiennes de la pratique, dans la pure région des idées et de la théorie, sous la résignation même de ses transactions apparentes, l'Église n'a rien dissimulé des commandements d'une vérité qui s'impose à sa propre puissance. La justice, aux rigueurs inexorables et salutaires, Elle a dû la déclarer, Elle l'a déclarée sans voiles et sans ménagements.

Hélas! Pourquoi les choses humaines sont-elles ainsi faites, que la vérité ne puisse éclater sur elles, comme Dieu au mont Sinaï, qu'au milieu des signes avant-coureurs et menaçants d'une destruction universelle? Imprudemment engagé dans une voie où je ne croyais chercher que la science, et au fond de laquelle j'ai trouvé une sagesse active, courroucée, impatiente dans sa bonté infinie, à mon tour, il m'a été nécessaire de subir des ordres impérieux. J'ai dû parler; je vous ai fait entendre un langage hardi. Combien de sévères jugements! Quelles paroles rebelles à la domination de tout ce qui se pratique ou se commet!

Mais ce qui est plus important que l'effroi que j'ai pu vous faire éprouver, Messieurs, c'est la conviction que je me suis efforcé de communiquer à vos âmes. A cet égard, suis-je parvenu à mon but? Je vous ai entretenus de cette chose aujourd'hui étrange, inouïe, inconnue, paradoxale et pourtant réelle, l'Église décrétant, pendant des siècles, toujours, incessamment, avec la patience de l'éternité, un ordre politique et civil près duquel pâlissent et s'effacent, comme de vaines lueurs à la clarté du soleil, tous les rêves des philosophes. Avez-vous ajouté foi à mes paroles? Vous êtes-vous rendus à l'évidence de mes démonstrations? Je n'ose, je ne puis me flatter d'un si beau résultat, d'un aussi grand triomphe de la vérité. Certes, tout d'abord incrédules devant mes premières propositions, après mes développements réitérés, après les témoignages positifs, répétés, concordants que je vous ai fournis, j'ai toujours vu et senti se produire, au milieu de vous qui m'écoutiez, comme une hésitation, comme un silence momentané qui surprenaient vos doutes et les faisaient tourner en faveur de la vérité que j'exposais. Mais une conviction proprement dite, l'ai-je établie dans vos esprits, dans vos cœurs? Non, encore une fois, je ne puis me faire illusion jusqu'à ce point : je vous ai ébranlés; je ne vous ai point persuadés.

Pourquoi cette incrédulité définitive que vous avez toujours opposée à mes paroles? Quelle est l'objection qui vous a continuellement prémunis contre mes preuves? Je vais vous le dire, Messieurs. Mais pour que vous ne m'accusiez point d'affaiblir la force de ce qui vous défend de partager ma pensée, laissez-moi entrer dans quelques développements. Permettez-moi de vous expliquer la nature et toute l'énergie de l'objection que vous m'avez incessamment adressée.

L'Église chrétienne a toujours disposé, pour parvenir au triomphe de ses idées, du moyen essentiel de la puissance humaine. Écartons les maximes d'une sagesse vulgaire, allons au fond des choses. Il n'est pas vrai que l'on entraîne les hommes par l'appât des jouissances matérielles; il n'est pas vrai qu'on les contraigne par la crainte de la mort ou des répressions violentes. Je ne veux certes pas dire que les hommes résistent toujours à l'attrait du plaisir, à la menace de la douleur, non; mais la corruption de la sensualité, comme celle de la peur, annule, dans un moment donné, des obstacles; elle ne crée pas des agents. Pourquoi? La raison en est certaine. L'homme, cet être actif parce qu'il est libre, et libre parce qu'il est intelligent, en définitive ne se détermine jamais à un acte qu'après une délibération de son intelligence, après une option de sa liberté. Que l'on diminue autant qu'on le pourra, dans son exercice nécessaire, l'indestructible rapport qui unit indissolublement entre elles l'intelligence à la volonté, la volonté à l'activité, tant qu'on n'aura pas remplacé par un mécanisme animé l'homme lui-même, tant que l'homme sera, en lui pas un acte ne s'accomplira qu'il ne soit l'unique effet de son intelligence décidant sa volonté. Il y a plus : la coopération de l'intelligence de l'homme dans l'acte émanant de sa volonté sera toujours d'autant plus féconde, que seule elle produira ce dont seule elle doit être l'origine. De telle sorte, en des termes moins abstraits, que l'homme apparaîtra et sera d'autant plus énergiquement continu dans son action, que sa volonté, pour se déterminer, n'aura qu'un maître et qu'une impulsion, les entraînements de sa propre intelligence. Quel être, Messieurs, que celui qui entreprend tout ce qu'il veut, et qui veut tout ce qu'il comprend devoir être entrepris! Quel être, Messieurs, plein de majesté et de force, je veux dire de saine moralité! Songez-y, c'est l'homme tout entier, tel que Dieu l'a fait pour n'obéir volontairement qu'à lui-même, et avec son aide unique. prévaloir et dominer sur toutes les agitations du monde!

Il m'est arrivé, il a dû arriver à quelques-uns d'entre vous, de regretter souvent la faiblesse du pouvoir matériel de l'Église, ou plutôt son défaut absolu de pouvoir de cette nature. Eh! bien, Messieurs, je me trompais; je m'égarais moi-même dans les impatiences d'une sympathie toute bornée. Non, la Foi chrétienne n'a à son service ni l'or, avec lequel on corrompt, ni la force, avec laquelle on contraint. Oui, tout pouvoir matériel manque à l'Église; Elle ne peut rien employer des expédients momentanés des règnes qui n'ont qu'un temps. Tant mieux, Messieurs, réjouissez-vous-en, vous tous qui conspirez à son triomphe. L'infirmité matérielle de l'Église fait sa force réelle! C'est par là qu'Elle se trouve réduite à n'exercer parmi les hommes qu'un moyen d'empire, le seul qui puisse aboutir aux conquêtes et aux fondations durables. Quel est ce moyen? Je viens de vous le dire : c'est celui qui pour s'assurer l'activité de l'homme, va la chercher, la réveiller et l'exciter dans sa cause nécessaire et féconde, dans les décisions intimes de sa volonté, au milieu des incessantes et secrètes délibérations, sur le trône invisible et vivant des persuasions de son intelligence. Nous parlions naguère de ceux qui regrettent pour l'Église le défaut de la puissance matérielle, de cette manière de prouver que l'on veut le bien des hommes en les contraignant et les corrompant ; qu'ils étaient insensés ! Voici l'arme invincible, celle contre laquelle ne s'élèvent point la haine et le tumulte des batailles ; voici l'arme qui, au lieu de faire des cadavres, communique et entraîne la vie ! Elle pénètre doucement dans le cœur, à travers la reconnaissance d'une œuvre d'amour ; elle s'établit curieusement dans l'esprit au milieu d'un tendre murmure du langage de la vérité. Plus de doutes, plus d'objections ! Elles sont tombées entre nous les dissidences qui me séparaient du frère inconnu, venu à moi dans la tristesse ! O bonheur, je pense comme celui que j'aime ! Et quand ils accourent, impérieux et farouches, les ordres de cette puissance qui n'est plus celle qui règne en moi : étendez vos armées, ouvrez vos prisons, dressez vos échafauds ; il est trop tard ; il ne vous reste plus qu'à exalter des martyrs ; dans ces armées que vous déployez contre nous, au fond de ces cachots que vous agrandissez pour nous, sur ces échafauds que vous ne pouvez élever qu'au témoignage de notre indestructible fermeté, partout, sous les inspirations d'une foi unique, un peuple est né n'ayant qu'une âme, dont les membres, séparés ou assemblés, voudront, entreprendront un seul acte, et le même pour tous ! Aujourd'hui la patience de votre joug, demain le triomphe exclusif de la justice et de la vérité !

Messieurs, ce que je viens de vous décrire en des termes bien insuffisants, s'était accompli d'une manière à la fois tumultueuse et pacifique, au milieu des habitants des Gaules, sur notre terre de France, vers le commencement du onzième siècle.

Tout avait concouru pour assurer à l'Église chrétienne le triomphe de ses idées et de ses efforts.

Un grand empire était tombé, ne laissant debout qu'un pouvoir organisé, celui de l'Église chrétienne.

Les populations demeuraient sans guides au milieu de sociétés détruites ; l'Église les avait placées sous sa tutelle immédiate.

Des barbares étaient accourus pour se partager les débris de l'Empire romain. Ils croyaient n'avoir à compter qu'avec l'impassibilité des ruines et les rivalités de la déprédation : ils rencontrèrent devant eux une puissance maîtresse des cœurs et disposant de tout dans ce monde de la mort, où s'agitait le commencement d'une vie nouvelle. Les Barbares durent composer avec l'Église, protectrice des populations et créatrice de l'avenir. Et ce fut alors entre eux, après quelques malentendus où périrent les rusés et les récalcitrants, une émulation générale d'obéissance et de soumission.

Or, parmi ces Barbares, une race surtout comprit que le Christianisme était la nécessité et la providence de ce que l'on pouvait édifier sur l'Empire romain. Ce qui s'imposait à la politique, la race franque sut l'accepter avec une résolution dont la fermeté entreprenante tenait des ardeurs de l'enthousiasme. Elle fit plus encore : entre l'Arianisme, qui ne donnait pour contrôle à l'ambition des pouvoirs temporels que les vagues sentiments des populations, et le Catholicisme, qui leur promettait, à ces pouvoirs, des limites certaines et un surveillant positif dans la personne du pape et l'existence du saint-siége, la race franque n'hésita pas ; elle se prononça pour le Catholicisme, et mit vigoureusement au ban de l'Europe et sous le coup de ses armes, tout ce qui lui était obstacle ou simplement contradiction.

Veuillez remarquer, Messieurs, le bonheur qui advient au pouvoir s'asservissant lui-même au triomphe d'une idée comme celle du Christianisme. Ils n'étaient incontestablement ni les plus forts, ni les mieux pourvus en moyens matériels, ni les plus humainement habiles, ces Francs, qui avaient des rivaux en bravoure parmi tous les Barbares, et des maîtres en habileté et en puissance matérielle parmi les Goths et les autres peuples assis avant eux dans les provinces romaines. Quelques années se passent à peine, et les Francs règnent seuls dans tout l'Empire d'Occident. Après les populations qui conspirent pour lui, un pouvoir qui croit à une idée de bien et qui la sert, a plus que le concours de toutes les énergies et de toutes les habiletés des siens ; soit la crainte que projettent au loin l'habitude et la permanence du succès, soit le respect naturel qu'inspire cette chose rare parmi les hommes, la force au service d'un principe moral, autour d'une puissance qui veut fermement sa foi, ses ennemis eux-mêmes, les plus contraires et les plus éloignés, prennent une attitude et des sentiments qui lui permettent de songer, non comme à un rêve, à l'empire universel.

Imaginez, Messieurs, ce que les habitants des Gaules ont dû devenir sous le régime de l'Église chrétienne favorisé par la main fidèle des Francs. Animées d'une foi ardente bien avant la conquête, ayant pris une part active dans tous les combats livrés par les Francs aux sectateurs d'une croyance autre que celle du Catholicisme, gouvernées par un pouvoir et des lois où l'initiative et le ministère ecclésiastiques soumettaient, même au temporel, l'exercice des agents laïques ou civils, les Gaules, Messieurs, vers le commencement du onzième siècle, comme tout le manifeste, avaient subi une complète et profonde transformation. Laissez-moi vous l'indiquer, ce résultat, par le mot qui en exprime le mieux la réalité vivante : dans les Gaules, à l'époque dont nous parlons, il s'était fait, combiné et établi la nature d'un peuple nouveau.

Messieurs, une croyance ne reste pas dans l'esprit une idée particulière et isolée ; elle envahit, si l'on peut dire ainsi, l'intelligence dans l'application de toutes ses facultés. Il ne se fait pas en elle un jugement, une qualification qui ne soit une conséquence directe du principe auquel elle s'est soumise. Une croyance est dans l'esprit plus qu'une idée simplement dominante : c'est l'origine et la source de toutes les idées que l'esprit peut concevoir. Et ce n'est pas assez de ce rapide et continuel travail de déduction, qui, pour toute pensée, s'opère dans l'homme, et le transporte au milieu d'un monde intellectuel nouveau ; non, ce n'est pas assez : selon les diverses qualifications qu'il a appliquées aux choses et aux actes, ces choses et ces actes l'attirent ou le repoussent à leur tour par les caractères eux-mêmes du bien ou du mal, auxquels il les a marqués. Le monde intellectuel nouveau au milieu duquel l'homme vivait, s'est fait en quelque sorte extérieur ; il a mis sur tout son signe, son rayon et son âme ; il règne, il gouverne l'homme, alors même que l'idée première est obscurcie ou oisive, il le gouverne par l'attrait du sentiment, par la chaîne de l'habitude, par l'empire du précepte, par la toute-puissance de l'opinion, par l'entraînement et la force du consentement commun.

Or, Messieurs, si une observation facile nous oblige à constater de pareils effets dans une croyance quelconque, jugez avec quelle énergie, quelle pénétration, quelle efficacité, particulièrement intimes et vives, la Foi chrétienne doit s'introduire dans l'homme pour l'envahir et le transformer tout entier; la Foi chrétienne, vous ne l'ignorez point, si savante par son dogme, si effective par son culte à tout prendre en nous et à tout régir, notre faiblesse comme notre force!.... Non, Messieurs, elle n'est point exagérée l'expression de nature nouvelle d'un peuple, dont je me suis servi pour marquer la conversion profonde et complète des Gaules, à partir du onzième siècle; cette nature nouvelle, c'est, après une, deux, plusieurs générations, dont tous les membres ont été successivement et continuellement formés par l'inspiration et l'assistance du régime d'une même foi, c'est ce qui résulte d'une semblable élaboration : une même idée, un même sentiment, une même habitude pour tous; disons plus, car le corps lui-même se brise et se compose, sous l'empire d'une croyance, par la répétition ou l'abstention des actes divers qu'elle proscrit ou provoque tour à tour; oui, disons plus : en outre de l'unanimité d'idée, de sentiment, d'habitude, c'est le corps lui-même, malgré les variétés individuelles, s'adaptant aux proportions, aux aptitudes, au tempérament d'une organisation dont le type commun ou général est identique.

J'avais besoin, Messieurs, de ces longs et difficiles développements pour vous montrer combien était radicale et absolue la puissance de l'Église chrétienne sur nos populations au début de la Société française. Cette société, l'Église seule l'avait faite tout entière, et, malgré la présence de pouvoirs temporels qui existaient, Elle la tenait tout entière entre ses mains.

Certes, j'aurais pu vous parler d'un clergé devenu plus nombreux, plus habile et plus hautain avec l'accroissement et l'exercice de la puissance de l'Église ; j'aurais pu vous faire voir ce clergé mêlé activement à tout le corps de l'État, et le dominant dans toutes ses parties par cet ensemble d'une unité de vues et d'entreprises, qui ne manquait qu'aux pouvoirs civils. A côté de cet appareil de force organisée, combien il m'eût été facile de vous arrêter particulièrement sur d'immenses possessions de trésors et de biens fonciers détenus par le clergé ! Là, sur ces biens, il y avait des multitudes qui en vivaient exclusivement, et qui, grâce aux Immunités, formaient un peuple à part. Un mot, et ce peuple était une armée, tout un pays. Quelle puissance matérielle, Messieurs, que celle du clergé au onzième siècle! Il avait une société, toute propre, qui n'obéissait qu'à lui-même, et cette autre société, qui n'était pas directement et complétement la sienne, il la gouvernait par une supériorité et une influence absolues.

Au lieu de ce tableau, qui vous a été souvent offert, de la puissance ecclésiastique, j'ai préféré vous la montrer, cette puissance, là où elle se trouvait réellement : dans la croyance, au sein des idées et des sentiments de tous, dans la cause qui a formé notre nation, dans le principe qui animait l'activité de chacun de ses membres.

L'Église, nous l'avons dit, dispose du pouvoir spirituel; c'est le moyen essentiel de tout empire parmi les hommes. Or, ce pouvoir, de l'exercice duquel un peuple nouveau venait de naître, vers le commencement du onzième siècle appartenait à l'Église sans la gêne d'aucune restriction. En s'adressant à la conscience de ce peuple qui était son œuvre et qui s'agitait vivement sous ses yeux, comme un enfant sous la main de celle devant qui il n'a point de volonté, l'Église pouvait tout : Elle pouvait entraîner à l'accomplissement de ses idées de justice ceux dans le cœur desquels, en les formant, Elle n'avait mis qu'un désir, qu'un espoir et qu'une ardeur possibles : la sainte aspiration au règne de la fraternité universelle.

Messieurs, je ne le sais que trop, ce qui s'est échappé des mains de l'Église, ce sont des sociétés dont l'ordre humain et équitable paraissait un rêve aux cités de la Grèce et de Rome. Mais si supérieures qu'elles soient à toutes celles qui les ont précédées, les sociétés modernes se troublent naturellement, comme une violation flagrante du bien, devant l'image, telle que je vous l'ai présentée, de la vraie Cité chrétienne.

Pourquoi, Messieurs, l'Église n'a-t-elle point fait prévaloir dans les sociétés modernes toutes les institutions civiles et politiques étudiées par nous dans le droit qui lui est propre ?

L'Église a eu le pouvoir d'imposer la bienheureuse et radicale innovation de la justice chrétienne. Cette justice chrétienne n'est pas sortie tout entière, bien loin de là, de ses efforts. Pourquoi ce résultat presque contraire à toutes ses intentions, après que tout a semblé se prêter à ses projets les plus hardis? Pourquoi? Que faut-il accuser ici? Est-ce la réalité des intentions et des idées de l'Église? Est-ce une force des obstacles devant lesquels la toute-puissance ne saurait obtenir l'excuse de la faiblesse ?

Messieurs, cette objection d'un fait, la réalité pratique qui a manqué en définitive aux institutions civiles et politiques du christianisme, cette objection, c'est là ce qui toujours s'est dressé entre vous et moi, contre toutes mes paroles et toutes mes preuves, pour m'opposer le fond d'une invincible incrédulité. Ainsi que vous pouvez le remarquer, je n'ai rien dit dans ce discours préliminaire qui ne soit votre objection elle-même fortifiée par son argument fondamental, celui de la puissance spirituelle dont il a été à la disposition de l'Église de mettre en œuvre, dans un temps, l'irrésistible moyen.

Ai-je eu raison, Messieurs, sur la foi de la logique interprétative, des documents positifs des Pères, des Conciles, des Papes et des actes de tout le corps ecclésiastique, d'admettre successivement devant vous ce que je vous ai exposé à titre d'institutions civiles et politiques du Christianisme? Ou bien, ces institutions qui me surprenaient moi-même par les audaces auxquelles elles condamnaient ma curiosité profane, ces institutions ne sont-elles qu'une illusion de l'étude solitaire, démentie par l'ensemble et le résultat de l'action générale de l'Église au milieu des sociétés modernes?

Tel est, Messieurs, le problème vraiment dit à la solution duquel je vais donner tous mes efforts durant le cours de ce nouveau semestre. Ce sera l'histoire du Droit canonique depuis le treizième jusqu'au seizième siècle inclusivement, pendant ces temps orageux et mauvais, où, pour ne point se départir de la patience, l'Église dut songer à la certitude de sa durée.

Avant de terminer ce discours préliminaire, je dois, Messieurs, faire publiquement devant vous une déclaration.

Il y a, vous le savez, un article de la Charte qui fait mention d'une promesse relative à un mode de l'enseignement.

A propos du projet organique qui se prépare pour réglementer un principe inscrit dans notre Loi fondamentale, une discussion a commencé. C'est l'usage des pays libres de faire concourir l'opinion de chacun à l'élaboration et à la confection de ce qui doit être plus tard l'objet du respect intelligent de tous.

Mais la liberté offre un autre avantage que celui de faire de la loi la résultante du consentement commun : c'est d'apporter, dans tout ce qu'elle entreprend, la force et l'énergie qui ne sont propres qu'à elle.

Ainsi, la discussion dont je vous parle, a pris, au milieu de nous, la puissante agitation des enfantements vigoureux. Dès deux parts, c'est plus qu'une méditation diverse ou une délibération opposée : c'est une polémique, c'est une lutte. Nous discutons ainsi que l'on combat pour les fortes convictions, en ne mesurant les coups qu'au désir de la victoire.

Ne vous en étonnez pas, Messieurs, et surtout gardez-vous de vous en affliger. Ce sont les mœurs salutaires et le régime vivifiant de la bienheureuse liberté. Nous sommes les fils de ceux dont la jeunesse avait pour passe-temps de courir au milieu du fer des lances et des épées. On a toujours remarqué l'emportement belliqueux qui nous prédestine aux batailles. Non, pour nous être assis dans des travaux plus pacifiques, notre sang n'a point dégénéré. Alors qu'il est question d'un intérêt grandement sérieux, ne soyons point surpris, réjouissons-nous de retrouver quelque chose de cette puissance énergique que nous avons dépensée en des jeux.

Je ne crois pas qu'il soit du devoir de l'enseignement de ne pas apporter sa part de lumière, et même de passion, aux débats qui préoccupent tous les esprits inquiets sur une institution de l'avenir. Si je pouvais douter de mon sentiment, je trouverais autour de moi, dans vos souvenirs, des exemples propres à me rassurer à cet égard.

Toutefois, je vous l'avoue, se servir de l'enseignement à l'avantage des luttes de la politique est un privilége qui n'appartient qu'à ceux qui ont donné des preuves répétées et glorieuses de leur application au culte de la science et des idées. La politique est plus qu'une fonction qui ne saurait appeler que les forts : c'est un honneur dangereux et pénible qui n'oblige que la certitude et la conscience d'une capacité avouée par tous.

A ce double titre, Messieurs, je dois sévèrement m'interdire, au nom du sujet que je vais entreprendre, une part quelconque dans la lutte qui s'agite en ce moment au-dessus de nous. Pour me mêler à un si grand débat, je manque à la fois de tous les mérites dont il réclame la possession et l'illustration préalables. C'est même pour moi une certaine contrariété de penser à la coïncidence qui est venue s'établir entre ce que j'expose ici et ce qui ailleurs se trouve attaqué ou défendu. Mais, vous le savez bien, cette coïncidence, qui n'est peut-être inopportune qu'à force d'opportunité, aucun de nous ne l'a recherchée ; c'est elle qui nous a surpris. Nous considérions l'Église et sa justice éternelle, depuis plusieurs mois, alors que tout à coup des passions ardentes ont fait invasion dans le domaine, dont rien ne nous annonçait qu'il allait devenir un camp.

J'espère, Messieurs, sur cette calme et sereine intelligence que j'ai déjà mise à l'épreuve, pour m'assister dans les difficultés nouvelles au milieu desquelles je dois marcher. Soyez toujours tels que vous avez été, dignes par votre impassibilité d'entendre la vérité tout entière. C'est à la sage et ferme disposition de vos esprits, que je puiserai, comme par le passé, la hardiesse et la force de ne vous rien dissimuler.

PARIS. — IMPRIMERIE DE FAIN ET THUNOT,
RUE RACINE, 28, PRÈS DE L'ODÉON.

www.ingramcontent.com/pod-product-compliance
Lightning Source LLC
LaVergne TN
LVHW020453230826
846091LV00008BA/3178